# 일상의 안녕,
# 오늘이 가장 좋은 날

진선이

일상의 안녕

오늘이 가장 좋은 날

누구든 소중하지 않은 삶은 없고
무의미한 삶도 없다.

## 책을 건네며


어제,
오늘,
내일,
하루.

 해가 떠오르면 눈을 뜨고, 해가 지면 잠을 자는 일상에서 낯익은 내가 아닌 낯선 나를 찾아 나선다. 매일 뻔하게 느껴지는 삶 속에서 뻔하지 않게 만나고 싶다. 일상을 투영해 보고 삶이 무엇으로 채워져 있는지 살피며 내 감정에 집중한다.

 새벽, 아침, 오후, 저녁으로 일상의 삶을 나누어 나를 찾는 여행을 한다. 속절없이 흐르는 시간을 붙들어 잡을 수는 없다. 일상 속에서 쓰는 단어, 언어, 물건에서 나를 발견하니 그곳에 내가 머물며 숨 쉬고 있다. 여기저기 흩어져 있는 일상의 모습을 모아 온전한 나로 느끼는 시간을 갖는다.

드라마, 영화, 연극의 마지막 장면이 Sad ending보다 Happy ending을 좋아하는 나다. 찰리 채플린은 "인생은 가까이서 보면 비극이지만, 멀리서 보면 희극이다."라고 말했다. 관찰자로 바라보았던 시선을 주인공 시선으로 바라보니 가까이 있는 게 더 잘 보였다. 허투루 썼다고 생각한 시간과 감정이 소중하게 다가왔다. 무엇을 생각하고 어떻게 바라보느냐에 따라 내 삶의 하루가 달라졌다.

그냥 무심히 지나쳐버린 어제, 무감각으로 스치고 지나는 오늘, 기대 없이 다가올 내일이, 매일 똑같이 생각된다면 오감의 감각을 열고 감정을 충분히 느끼며 나로 오래 머물길 바란다. 매일 만나는 오늘에 안녕, 반갑게 인사하며 이 책을 건넨다.

# 차례

6    책을 건네며

## 새벽

15   집중 • 나만의 시간과 공간

17   문자 • 뭐 하니 안 자고

18   순수 • 맑고 깨끗하게

19   소음 • 조금만 참아 줘

20   시계 • 뱅글뱅글

21   전구 • 지구의 낮과 밤

23   방해 • 혼자 있고 싶어

25   자유 • 파닥거리는 한 마리 새처럼

27   보안 • 겁쟁이라 그래

28   버릇 • 그리움

30   사랑 I • 사랑은 변하는 걸까

31   시간 • 뭐 하고 싶니

33   휴식 • 아무튼 쉬어

| | | |
|---|---|---|
| 34 | 정답 • | 헤매도 괜찮아 |
| 36 | 재회 • | 친구야, 고마워! |
| 37 | 사랑 II • | 사랑해 |
| 38 | 비교 • | 내가 제일 잘 나가 |
| 39 | 안경 • | 보이지 않는 것 |

## 아침

| | | |
|---|---|---|
| 43 | 눈치 • | 5분이면 충분해 |
| 45 | 안부 • | 늘 고마워 |
| 46 | 미션 • | Mission impossible |
| 48 | 분신 • | 누가 대신해 줘 |
| 49 | 커피 • | 커피 맛도 모르면서 커피를 마셔 |
| 51 | 독서 • | 나를 만나러 가는 길 |
| 53 | 버킷 • | 죽기 전에 가보고 싶은 곳 |
| 55 | 화분 • | 그냥 예뻐 |
| 57 | 열정 • | 타오르는 불꽃 |
| 59 | 산책 • | 너와 함께 걸어 |
| 60 | 보상 • | 쓸모없지만 없으면 불안한 것 |
| 61 | 시장 • | 시장에 가면 말 덧붙이기 |
| 63 | 가을 • | 쉿, 벌써 가을 |
| 65 | 사치 • | 이 정도는 괜찮잖아 |
| 67 | 나이 • | 아침형 vs 저녁형 |
| 68 | 도전 • | 그럴 줄 알지만 그래도! |
| 69 | 거울 • | Are you ready? |

70   가방 • 삶의 무게

## 오후

73   사람 • 나는 어떤 사람인가?
74   친구 • 나는 너에게 너는 나에게
75   사진 • 예뻐 보이는 것들
76   이름 • 내 이름은 어디에
77   나무 • 어떤 나무가 되고 싶니
79   하루 • 24시간이 모자라
80   상상 • 소원을 말해 봐
82   능력 • 왜 네 앞에만 서면 작아질까
83   달력 • 아이러니
84   변화 • 너 변했어
86   영화 • 그 남자 그 여자
87   중독 • 늪에 빠진 거야
89   대화 • 대화가 필요해
90   일탈 • 날이 좋아
91   취향 • 나와 너
92   반지 • 반짝반짝 특별해
93   문구 • 귀여워서 흔들려
95   여행 • 동해는 유혹의 빛
97   빗속 • 비가 와도 괜찮아 네가 있어
98   색깔 • 사계절 중 난 파란색 가을

**저녁**

| | | |
|---|---|---|
| 103 | 시선 • | 부담스러운 시선 |
| 105 | 걸음 • | 나 잘 걷고 있니 |
| 107 | 인연 • | 만남과 헤어짐 |
| 108 | 건강 • | 건강은 걱정을 반으로 |
| 109 | 응원 • | 참 잘했어 |
| 111 | 인생 • | 머무는 삶과 떠도는 삶 |
| 112 | 눈물 • | 이게 뭐라고 |
| 113 | 위로 • | 걱정 말아요 |
| 114 | 피곤 • | 다시 시작 |
| 115 | 공간 • | 나만의 방 |
| 117 | 유행 • | 아날로그와 디지털 사이 |
| 119 | 별밤 • | 네가 있어 좋아 |
| 120 | 쓰다 • | 살아 꿈틀거리려고 글을 써 |
| 122 | 완벽 • | 완벽한 하루 |
| 123 | 기도 • | 날 위해 기도해 |
| 124 | 허점 • | 허점투성이 |
| 126 | 술맛 • | 늦게 배운 술맛. 비틀거려도 괜찮아 |
| 127 | 만약 • | 지금이 호시절 |
| 130 | 걱정 • | 걱정이 잠 못 들게 해 |
| 131 | 선택 • | 내가 걷는 길이 길이야 |

134     책을 덮으며

일상의 안녕,
오늘이 가장 좋은 날

새벽

수고 많으세요.
잠들지 못하는 이와 일찍 일어나는 이

집중

# 나만의 시간과 공간

 반쯤 뜬 눈을 힘겹게 위로 올리며 어둠에 눈을 동화 시킨다. 캄캄한 방에 황금빛 빛을 내는 조명을 켠다. 은은한 빛에 잠시 몰입하며 **빠**져든다. 빛이 마음을 평온하고 고요하게 만든다. 생각이 천천히 흐른다. 잡다한 생각이 끼어들지 않게 몸에 힘을 뺀다. 살포시 눈을 감고 정신을 조명 빛에 집중한다. 지금 이 순간의 평화로움과 고요함을 깨고 싶지 않다. 집안 누구도 깨지 않았으면 한다. 오롯이 혼자만 즐기고 싶은 시간이다.

 무해한 시간 속을 유영하며 노래 한 곡 〈너의 모든 순간〉 플레이 리스트를 누른다. 공기마저 조용하다. 노래에 몸을 맡기니 마음이 차분해진다. 100% 고요 순도가 10% 음악으로 어둠의 공간을 흔든다. 에어팟은 끼기 싫어 볼륨을 최대로 낮춘다. 성시경의 달콤한 목소리가 귓가를 간지럽힌다. "이윽고" 한 소절에 마음이 일렁인다. "거기 있어 줘서 그게 너라서" 이 노래 한마디에 마음이 따뜻해지고 위로받는 느낌이다. 이거면 됐다. 내가 지금 여기 있는 이유로 충분하다.

문자

## 뭐 하니 안 자고

눈을 떴다. 휴대전화 시계를 보니 3시 50분. 카톡이 하나 와 있다. '샘, 내일 12시 30분에 수업 가도 돼요?' 밤 11시 19분에 보낸 문자다. 답장할까 말까 망설이다 4시 18분에 문자를 보냈다. '그래' 그런데 답장이 왔다. '넵!!' 답장에 놀랐다. '안 자니?', '샘은요?', '나는 자고 일어났지. 넌 안 자고 뭐 하고 있어?', '그냥 잠이 안 와서요.', '자야지?', '자야죠 ㅠㅠ', '얼른 자고 12시 30분까지 오렴.', '넵!!' 새벽을 밝히는 자, 그들은 무엇을 할까. 공간은 떨어져 있어도 이 시간을 공유하는 사람이 있음에 놀랐다. 디지털이 가져다준 랜선의 새벽. 네모난 화면 안에 들어있는 다양한 세상. 어디까지 가볼 수 있을까.

순수

## 맑고 깨끗하게

 마음에 불순물이 달라붙지 않아 찌꺼기가 쌓이지 않았으면 한다. 순수하게 전혀 다른 섞임 없이 오직 맑고 깨끗한 새벽공기였으면 좋겠다. 하루 시작이 갓 태어난 아이처럼 사사로운 욕심이나 못된 생각 없이 혼재되지 않은 날이 되길 바란다.

소음

## 조금만 참아 줘

 새벽이 주는 고요는 세상 여러 소리로부터 잠시 잠깐 단절하게 한다. 자동차 경적, 바쁘게 달리는 오토바이 소리, 뚝딱거리며 소음을 자아내는 공사 현장에서 나는 소리, 사람의 말소리로부터 곤두서 있던 신경 세포를 내려놓게 만든다. 조용히 고독을 즐기고 싶어 홀로 앉았다. 난 이 시간을 즐기며 사랑한다. 잠시 세상으로부터 단절하고 독서삼매경에 빠져 책 속 화자를 만나러 가고 있다. 그 사이를 소음이 끼어들어 고독을 깨지 않았으면 한다.

시계

## 뱅글뱅글

 시간을 잡고 싶을 때가 있다. 멈췄으면 할 때도 있다. 출근하기 싫을 때. 연인을 만나 헤어지기 싫을 때, 여행을 갔을 때. 마음과 말이 통하는 사람을 만났을 때, 맛있는 커피와 아이스크림을 먹을 때. 밥하기 싫을 때. 통장에 돈이 털릴 때. 반려동물과 놀고 싶을 때.

전구

## 지구의 낮과 밤

02시 58분. 집안은 조용하다. 초저녁잠을 자고 일어나 스위치 On을 한다. Off 된 몸을 On으로 바꾼다. 불이 밝아지니 새벽이 낮처럼 환하다. 전등불이 없던 때, 그때의 사람들은 무엇을 했을까. 어둠에 몸을 맡긴 채 빛을 내는 달과 별을 보고 있었을까. 아니면 세상을 변하게 하는 도구를 상상하고 있었을까. 그것도 아니면 내일의 먹거리를 걱정하고 있었을까. 아니면 아무 생각 없이 잠이나 실컷 잤을까.

지구는 태양 주위를 돌려 낮과 밤으로 나누어 낮에는 일하고 밤에는 잠을 자라 한다. 어둠을 낮처럼 쓰며 인간을 움직이게 만드는 게 생겨났다. 그건 다름 아닌 빛을 내는 전구다. 밤에도 낮처럼 환히 밝힐 수 있는 빛이 생겨나면서 지구 시간은 낮과 밤을 가리지 않게 되었다. 바이오리듬을 바꾸어 가며 뜬눈으로 밤을 지새우는 날이 많아지고 시간을 거꾸로 사는 사람이 많아졌다. 빛은 캄캄한 새벽을 깨우고 잠들지 못하는 세상을 만들었다. 인간은 쉼이 적어졌다. 낮과 밤이 바뀌면서 내가 자는 시간에 일하고 내가 일하는 시간에 자는 사람이 있다. 지구가 둥글어서인지 전구가 빛을 내서인지 세상이 환한 빛으로 굴어 간다.

방해

# 혼자 있고 싶어

　인생 바둑판 안에 여기저기 집을 짓고 살다 보면 왠지 그런 날이 온다. 아무에게도 방해받지 않고 혼자만의 시간을 갖고 싶은 날. 외롭고 고독하기 싫어 둘이 되었으나 어떨 때는 둘이 있어도 서로가 다른 곳을 바라보는 외로운 타인이다. 다른 극은 잡아당기고 같은 극은 서로 밀어내는 자석처럼 서로 붙어 있을 때보다 적절한 거리를 두고 바라볼 때 더 애틋함이 생긴다. 음악이 아름답게 느껴지는 것은 마디와 마디 사이에 쉬어가는 쉼표가 있고, 그림은 채우지 않은 여백이 있기에 여유로움에 웃음을 자아낼 수 있다.

　감정은 직선으로 쭉쭉 뻗을 때보다 출렁이

는 파도처럼 곡선을 이룰 때가 많다. 감정이 지하 10층쯤 떨어질 때 혼자 고독을 다 씹어 삼키려 한다. 고독이 꼭 독이 되는 것은 아니다. 어느 날 문득 '난 뭐지?' 물음에 내가 자각되고 나를 찾을 때, 내 눈에 비친 내가 헛헛하고 불쌍해 보이는 감정이 훅 들어오면 철저히 혼자 있기를 자청한다. 혼자 있고 싶은 장소를 찾고 혼자 있기에 가장 좋은 시간을 찾아 헤맨다. 오직 나에게만 집중한다. 그런 나를 위해 하루 시간 중 새벽을 비워둔다. 다른 어떤 걸 하지 않아도 나 하나로 충만해지고, 솔직하게 드러난 나의 민낯과 마주한다.

자유

# 파닥거리는 한 마리 새처럼

 나뭇가지에 앉아 재잘재잘 노래하는 새가 부러운 적이 있었다. 새처럼 곱고 고운 노래를 잘 부르고 싶었다. 가벼운 몸을 하고 날개를 활짝 펴 비상하는 새를 보며 나에게도 날개가 있기를 소망했다. 날개만 있다면 날개를 휘저어 가고 싶은 곳 어디든 갈 수 있을 것 같았다. 시골의 까만 어둠은 도시의 화려한 불빛을 동경하게 만들고 나를 유혹했다.

 도시에 불빛을 찾아 날개를 퍼덕이며 도시를 향해 날아왔다. 따뜻한 보금자리 둥지를 틀고 싶었다. 도시는 처음부터 따뜻한 품을 내어주지 않았다. 도시 속 나는 이방인처럼 낯선 자이다. 무엇을 찾고 어떤 것을 잡고 싶었을까. 물에 가라앉지 않으려 열심히 물 안에서 발을 젓는다. 허우적대는 한 마리 청둥오리처럼 철새 같은 인생을 지금도 살고 있다. 하루 먹잇감을 걱정하고 여기저기를 기웃거리고 있다.

 날개를 접고 나뭇가지에 너무 오래 앉아 있었나 보다. 날아오르려 하니 날개에 힘이 없다. 마음속 깊은 속에서 외침이 들려온다. "여기는 내 자리가 아니야."라고 소리친다. 바람을 가르며 멋지게 비행하고 싶다. 날개를 퍼덕거려 본다. 두 다리에 힘을 주고 나뭇가지를 도움닫기 삼아 하늘을 향해 날아오른다.

보안

# 겁쟁이라 그래

 이사를 했다. 현관문에 자물쇠를 달았다. 무엇이 더 안전할지 고민했다. 번호를 누르는 버튼 키가 안전할지 아니면 열쇠 구멍에 열쇠를 넣고 돌리는 것이 안전할지. 결국 두 개 다 설치했다. 근데, 무엇으로부터 나를 지키고 싶은 거지. 도둑이 들까 두려워서. 밤이 어두워서. 어둠이 무서워서. 그것도 아니면 남자가 들이닥칠까 봐. "말도 안 돼."하며 혼자 실없이 웃는다. 번호를 가르쳐줄, 열쇠를 건넬 사람도 없으면서. "그냥 겁쟁이여서 그래."

버릇

## 그리움

 잠든 세계에서 의식의 세계로 돌아오니 팔이 아프다. 만세 자세로 갓난아이처럼 나비잠을 잤나 보다. 습관적으로 무의식이 작동해 반사적으로 팔을 올린 거다. 피곤이 잠을 몰고 올 때는 어떻게 잠들었는지 모르게 잠에 빠진다. 문제는 잠이 쉽게 찾아오지 않을 때다. 잠이 안 올 때는 모로 누워 등을 오그리고 새우 자세로 새우잠을 잔다. 별 100개를 세는 것보다 효과적이다. 두 자세 다 엄마 배 속에 있을 때 아기가 하는 자세다. 나에게 버릇은 세 살 버릇이 여든 가는 것이 아니라 뱃속 버릇이 평생 가는 것 같다. 무의식 속 기억이 미치는 정서적 파장은 생각보다 넓게 퍼진다. 아기가 성인이 되어 엄마가 되었다. 엄마의 이름으로 살아가면서도 엄마라는 존재는 평생 필요하다. 잠을 자면서도 엄마 뱃속을 그리워하는 것을 보면 말이다.

사랑 I

# 사랑은 변하는 걸까

 시간에 묻히고 묻히면 사랑이 변하는 걸까. 사람이 변하는 걸까. 변한다는 말보다 퇴색되어 간다고 생각한다. 시간 앞에 변하지 않는 것이 있을 수 있을까. 신상품이라고 해서 산 컴퓨터, 핸드폰, 옷, 신발 등 내 손에 들어오면서 신상이 중고가 된다. 사람 몸도 쓰면 닳고 기계도 닳는다. 마음이 변하는 것보다 생활에 적응하며 잊어버리는 것이다. 그것을 변했다고 말할 수 있을까. 조금씩 기억을 휘발하게 만들고 빛을 잃어 퇴색해 버린 것은 아닐까.

시간

## 뭐 하고 싶니

 경제적으로 걱정할 필요 없이 쓸 수 있는 충분한 시간이 주어진다면 하고 싶은 게 있다. 가보지 못한 곳과 해 보지 못한 경험을 다채롭게 해 보는 거다. 새로운 장소의 초대는 늘 설레게 만들고 가슴 뛰게 한다. 삶의 충전과 함께 윤활유 같은 역할로 활력을 불어넣는다. 쓸 수 있는 시간에 따라 일정을 짜본다. 생각만으로도 행복하다. 3박 4일 정도라면 집에서 쉬면서 뒹굴뒹굴하며 빈둥대는 삶을 살아본다. 주방에 들어가지 않고 집안일에 고개를 돌린다. 먹고 싶은 것 시켜 먹으며 혹사 된 몸을 충전한다. 일주일 정도 주어진다면 마음을 내려놓고 자연과 물아일체가 되어 템플스테이를 한다. 절밥을 먹고 쉬는 것에 집중한다. 자연이 주는 공기를 마시며 치유 받는다. 마음이 편안해지고 분주함이 사라진다. 한 달 정도 주어진다면 산티아고 순례길을 걷는다. 걸음이 느려 빨리 걷지 못하니 내 걸음으로 걷기 위해서는 시간이 넉넉해야 한다. 일 년 정도 주어진다면 제주도 일 년 살이를 한다. 짙푸른 바다가 주는 매력도 느껴보고 제주 비바람도 맞아보고, 한라산도 가보고. 귤밭에 나가 노동도 해 본다. 머물러 보고 살아봐야 그곳을 알 수 있다. 무엇에 쫓기는 삶이 아니라 시간을 영유하며 유영하는 삶을 살아보고 싶다.

휴식

## 아무튼 쉬어

  아무 생각 없이 소파에 널브러진다. 소파와 한 몸이 되어 눕고 리모컨으로 여기저기 채널을 돌려가며 드라마 몰아보기, 음악 듣기, 영화를 본다. 뒹굴다가 몸이 찌뿌둥하면 사우나를 간다. 사우나로 몸이 가벼워지면 동네 책방을 찾아 책을 읽거나 글을 쓴다. 여행은 즉흥적으로 갈 때도 있고 계획해서 갈 때도 있다. 대략 코스를 정해 놓고 가지만 가다가 갑자기 생각나는 곳이 있으면 옆길로 빠지기도 한다.

정답

## 헤매도 괜찮아

 삶에 정답이 있긴 한 걸까. 난 정답을 찾아 헤매는 걸까 해답을 찾아 헤매는 걸까. 결과가 중요한 걸까 과정이 중요한 걸까. 아이를 가르치다 보면 성질 급한 아이가 이렇게 질문한다. "선생님, 그래서 정답이 뭐예요." 답을 찾아가는 과정을 설명하려다 맥이 풀린다. 정답과 해답은 차이가 있다. 정답을 찾기 위한 해답의 과정이 있어야 다음엔 혼자 할 수 있다. 삶 또한 그렇다. 헤매는 과정 중에 실패가 있을 수 있고 에둘러 가는 길에서 빠르게 뛰는 호흡을 천천히 뱉으며 헤매야 어떻게 할 것인지 생각하게 된다. 결코 시간 낭비가 아니다. 삶의 경험치는 실패와 어렵고 절실함 속에서 얻어진다. 흔들리지 않고 가는 사람은 없다. 헤매는 것은 불필요한 소모가 아니라 정답과 해답을 찾아가는 여정이다. 세상은 꽃길만 펼쳐지지 않기에 자갈길도 걸어보고 늪에도 빠져 봐야 홀로서기가 된다.

재회

# 친구야, 고마워!

 소중한 것을 잃어버린다는 것은 가슴을 짓이기는 아픔이다. 가슴에 큰 바위 하나를 얹고 15년을 살았다. 친구와의 이별은 나의 실수에서 비롯되었다. 친구를 다시 만나기 전, 내가 살아서 그 친구를 다시 볼 수 있을까. 만약 내가 죽기 전 그 친구의 용서를 받지 못한다면……. 용서를 구해야 떠날 수 있을 것 같았다. 아주 많이 다시 보기를 소원하고 소원했다. 친구의 용서로 15년 만에 재회가 이루어진 날 손을 잡고 눈물만 흘렸다. 미안하고 고마웠다. 괜찮다고 안아 주는 친구 품은 아프고 다친 아이를 안아 주는 엄마 품 같았다. 어그러진 마음을 따뜻함으로 채워 주었다.

사랑 II

# 사랑해

"네가 말하지 않아도 알지!" 사랑하면 말하지 않아도 알게 되는 걸까. 아니면 자기의 사랑을 알아서 알아 달라는 걸까. 무감각이 아니면 비언어인 눈빛 몸짓을 통해 알 수 있다. 그렇지만 난 말로 "사랑해." 듣기를 원한다. 서로 감정이 엇나간 날은 침묵이 필요할 때도 있다. 가슴이 차가운 얼음처럼 얼어붙어 있을 때 마음을 녹이는 말은 대단한 말이 아니다. 늦기 전에 더 단단히 굳어 버리기 전에 마음을 건네며 "사랑해." 처음 입 떼기가 어려울 뿐 하다 보면 쉽게 뱉을 수 있는 말이다.

비교

## 내가 제일 잘 나가

 부자이다 가난하다. 키가 크다 작다. 예쁘다 예쁘지 않다. 집이 넓다 좁다. 날씬하다 뚱뚱하다. 연봉이 높다 낮다. 젊다 늙는다. 성공이다 실패이다. 세상은 보이지 않는 라인이 존재한다. 테두리 안에 가두어 너와 나를 구분한다. 각자 다양한 색깔과 형태를 가지고 있는데 자꾸 이분법으로 나누려 한다. 그냥 나는 나로 존재하면 되는 것 아닌가.

안경

## 보이지 않는 것

 가시거리가 멀어 보여 안경을 찾아 착용하니 흐릿하게 보이던 사물이 또렷한 형태로 눈에 들어온다. 안경알에 묻은 얼룩을 닦으니 더 깨끗해 보인다. 꼈던 안경을 다시 벗으니, 눈에 초점이 흐려진다. 안경을 내려놓고 눈을 감으며 보이지 않는 것에 집중해 본다. 어린 왕자의 여우는 말했다. "가장 중요한 것은 눈에 보이지 않아." 보이는 것과 보이지 않는 것을 알아차리기 위해 안경을 열심히 닦으면 심연에 자리하고 있는 것을 볼 수 있을까. 보이는 것이 진실일 때가 있지만 보이지 않는 이면에 진실이 숨어 있을 때도 있다. 보이지 않는 것을 알아채는 건 언제쯤 가능할 수 있을지 알 수 없는 나이다.

Note.

아침

안녕하세요.
또 만나서 반가워요.

눈치

# 5분이면 충분해

 창문이 아침 햇살로 가득 차 있다. 아침을 맞이할 수 있다는 것은 내가 살아 있어 받을 수 있는 축복의 선물이다. 어제와 오늘이 다른 아침이다. 어떤 이는 반복되는 일상에 어제와 똑같은 것 아니냐고 반문할 수 있다. 물론 주어진 일과 시간은 동일하다. 어제 날씨와 기온이 오늘과 다르듯 매일 다른 아침이 찾아오고 있다.

 소소한 날씨의 변화를 알아차리며 계절이 바뀌고 있음을 알아차린다. 자연 시간은 매일 다르게 각자 시간에 맞춰 계절의 옷을 바꿔 입는다. 무엇이 그리 바쁜지 시간에 쫓겨 나를 돌볼 시간을 갖지 못하고 하늘 한번 올려다볼 시간이 없다. 시간이 없는 것이 아니라 마음의 여유가 없는 거다. 일하기 위해 사는 것이 아니라 나를 위해 사는 초점으로 맞추고 아침을 바라보니 분명 어제와 다른 아침이 날 찾아왔다. 나를 알아채는 시간은 그리 길지 않아도 된다. 딱 10분 아니 5분이면 충분하다. 내가 살아 있기에 아침을 맞이할 수 있다.

안부

# 늘 고마워

 눈 위로 햇살이 내려앉으며 가장 먼저 내 안부를 묻는다. 아직 눈은 뜨기 싫다. 귀를 열고 바깥소리에 귀를 기울인다. 자동차 지나가는 소리와 사람 말소리가 들린다. 나보다 아침을 먼저 연 새가 지저귄다. 곱고 작은 소리가 듣기 좋다. 팔과 다리를 뻗어 기지개를 켠다. 뒤척이는 소리에 반려견이 와서 잘 잤냐고 물으며 꼬리를 흔든다. 옆 사람에게 눈길을 보낸다. 널 볼 수 있어 감사하다.

미션

## Mission impossible

 매일 글쓰기 미션에 참여하고 있다. 30일 미션 글쓰기를 23년 9월에 시작하여 현재까지 진행 중이다. 글감은 자정 12시가 되면 올라온다. 매일 일기 쓰듯 하나의 글을 쓴다. 뻔한 일상에서 나를 찾고 글 쓰는 나로 살고 싶어 쓰기 시작했다. 미션은 200자 내외로 쓰는 제약이 있고 엔터 없이 써야 한다. "200자 그까짓 것 금방이지." 말할 수 있다. 막상 써 보면 쉽지 않다. 미션 성공을 위해 글감에 맞는 글을 고민하고 매일 다른 글을 써서 올리는 성실함이 필요하다. 짧은 글이지만 무슨 글을 쓸까 고뇌하는 시간. 꽤 집중이 필요하다. 물 흐르듯 줄줄 잘 써지면 좋으련만 글은 1,000원 넣고 누르면 바로 나오는 자판기 물이 아니다. 고뇌하는 내가 싫지 않다.

　요즘 새롭게 도전해 보고 싶은 미션이 있다. 새벽 5시 기상 미션이다. 마음은 있는데 새벽 5시에 꼬박꼬박 일어날 자신과 용기가 없다. 미션도 하나의 약속이기에 하지 않으면 왠지 개운한 기분을 가질 수 없을 것 같다. 과유불급이라 했다. 할 수 있는 것만 하기로 마음먹고 생각을 접는다. 할 수 없는 것에 기운 빼지 말아야겠다.

분신

## 누가 대신해 줘

 누가 나 대신 출근 안 해 주나. 일 안 해 주나. 밥 안 해 주나. 청소 안 해 주나. 빨래 안 널어 주나. 누가 나 대신 …….

커피

# 커피 맛도 모르면서 커피를 마셔

 아침마다 빈속에 커피를 즐겨 마신다. 커피를 마시기 전 커피 향이 코끝을 자극하면 콧구멍을 크게 벌리고 온몸으로 향을 빨아들인다. 커피는 유혹의 향으로 나를 이끈다. 코끝을 자극해 온몸으로 파고들어 신경 세포를 향으로 마비시킨다. 일단 향에 취하고 나면 안 마시고는 못 배겨 커피잔을 든다. 느슨해진 몸이 커피로 각성된다. 커피를 마시지 않으면 왠지 하루가 시작되지 않는 느낌이다.

 커피를 찾는 건 좋아하고 맛있어서인지 습관처럼 굳어 버린 건지 헷갈린다. 아마 후자에 가까운 것 같다. 커피를 마시지만 정작 커피가 왜 좋은지 모르고 마신다. 원두를 갈아 드립 커피로 즐겨 먹는 것도 아니다. 손쉽게 먹을 수 있는 가공 커피를 즐겨 먹는다. 현대인에게 필수처럼 따라다니는 커피다. 커피 향과 함께 한 모금을 목젖으로 넘긴다. 커피 맛을 모르고 먹는 것이 광고의 힘인지 군중심리에서 오는 건지 잘 모르겠다. 멋지게 커피를 마시는 광고를 보면 나도 멋들어지게 보이기 위해 커피를 마셔야 할 것 같고, 나나 너나 커피숍을 가면 커피를 시키고 나만 안 먹으면 약간 촌스러운 것 같고……. 언제부터인가 습관처럼 나도 모르게 커피가 입에 붙어버렸다. 혹시 커피의 카페인 중독 때문인가. 커피 맛도 모르면서 커피를 찾는 나다.

독서

# 나를 만나러 가는 길

 아침 독서를 시작한 지 3년째다. "하루라도 책을 읽지 않으면 입안에 가시가 돋는다." 안중근 의사는 말했다. 나는 하루라도 책을 읽지 않으면 마음이 불안하다. 일이 손에 잡히지 않고 뭘 해야 할지 갈피를 잡지 못한다. 해야 할 일 중 무언가를 잃어버린 기분이다. 주어진 일정에 따라 시간 배분이 다르다. 적게는 30분, 시간적 여유가 있으면 1시간에서 2시간 정도 읽는다. 책 읽는 속도가 느려 읽는 시간에 비해 많은 양의 독서를 하는 편은 아니다. 책을 읽다 마음을 일렁이게 만드는 문장을 만나면 그 문장을 곱씹고 되새김질하느라 한참을 생각에 잠겨있다. 양적인 독서보다 질적인 독서를 선호한다.

인상 깊은 문장을 만나면 형광펜으로 책에 밑줄을 긋는다. 독서할 때 형광펜은 색깔별로 준비한다. 밑줄 친 글을 다시 한번 읽고 필사 노트를 꺼내 문장을 쓴다. 필사 후 글에 대한 생각이 떠오르면 댓글 붙여쓰기를 하거나 Q&A를 달아 다시 생각의 여지를 남긴다. 나에게 있어 책은 몇 장 몇 권을 얼마나 읽는지 숫자가 중요하지 않다. 무엇을 보고 어떤 생각이 남았는지에 초점을 둔다. 독서는 나를 찾아가는 길이며 그 어딘가에 서 있는 내면 아이를 만나 내 안의 나와 대화한다. 선택과 집중이 필요할 때 집중에 몰입한다. 그리고 그곳에 온전히 **빠진다**.

버킷

# 죽기 전에 가보고 싶은 곳

 책 속에서 버지니아 울프를 만났다. 울프는 좋아하는 작가 중 한 명이다. 흡입력 있는 작가는 독자를 끌어당기는 마력이 있다. 울프의 이끌림에 매료되어 그녀의 발자취를 찾아 떠나고 싶다. 지금 당장 영국으로 갈 수 있다면 비행기 티켓을 예매하고 그녀의 숨결을 찾아 조우하길 소망한다. 그녀를 보는 것만으로도 가슴이 벅차오르고 황홀한 기분에 젖는다. 울프를 시작으로 버킷리스트에 만나고 싶은 작가 이름을 적는다. 〈어린 왕자〉 생텍쥐페리. 〈데미안〉 헤르만 헤세. 〈노인과 바다〉 헤밍웨이. 〈월든〉 소로. 〈부활〉 톨스토이. 〈죄와 벌〉 도스토옙스키 〈폭풍의 언덕〉 에밀리 브론테 〈젊은 베르테르의 슬픔〉 괴테 등등 많은 작가가 내 안의 나를 꿈틀하게 만든다. 작가를 찾아 떠나는 문학 기행 생각만으로도 얼굴에 미소가 지어진다. 그날이 빨리 오기를 바라본다.

화분

## 그냥 예뻐

 창가에 따스한 햇볕이 머물자 비타민이 내 몸으로 스며든다. 혼자 받기에는 아깝다는 생각에 눈을 정화 시켜주고 마음을 비단결로 만들어 줄 꽃 화분을 사 왔다. 창가에 나지막한 화분 6개를 줄지어 세웠다. 크기가 작고 앙증맞아 더 귀엽다. 다육식물 4개와 학생이 잘 키워 달라고 부탁하고 간 토마토 화분 1개가 창가 빈자리를 채우니 주변이 한층 밝아졌다. 해마다 토마토를 사다 심었지만 한 번도 열매까지 성공해 본 적이 없다. 자신이 없지만 물도 주고 사랑도 주며 잘 커 주기를 토마토에 부탁한다. 토마토에 꽃이 맺혔다. 올해는 탱글하고 먹음직스러운 빨간 토마토가 열렸으면 좋겠다. 보라색에 마음을 뺏겨 집어 든 구페아는 초록 잎 위에 보라

색 꽃을 물감으로 하나씩 찍어 둔 것 같다.

 초록 식물이 주는 위안은 혼자이지만 혼자처럼 느껴지지 않게 한다. 말없이 옆을 내어주는 것만으로도 지원군을 얻어 든든하다. 굳은 얼굴을 미소 짓게 만들고 구깃구깃 구겨진 마음의 주름을 쫙 펴준다. 햇볕이 내려앉은 창가에 화초들로 공간을 채우니 포근하고 아늑하다. 조용히 앉아 있는 그 모습 그대로 사랑스러워 눈하트를 보내며 바라본다. 꽃은 자세히 보지 않아도 그 자체로 그냥 예쁘다.

열정

## 타오르는 불꽃

 내 안의 호기심이 발동하면 그냥 지나가지 못한다. AO형이 갖는 소심함을 조심성과 신중함으로 바꾼다. 결단이 필요할 때 생각은 길게 하지만, 결론이 나면 오래 기다리지 않고 실행으로 옮긴다. 주저하고 기다리는 시간은 생각하는 시간으로 충분하다. 점화된 불꽃을 잡지 못하면 튀는 불꽃이 어느 순간 터져 버릴 것 같다,

 '도전'을 두려워하는 편은 아니다. 뭐가 될지 모르지만 일단 해 보고 성공과 실패를 가늠한다. 안 하고 후회하는 것보다 해 보는 게 정신건강에 낫다. 실패 속에 내가 발견하지 못한 또 다른 것이 숨어 있을 수 있다. 해 보지 않으면 보이지 않고 잡히지도 않는다. 지금 난 작가로

의 삶에 화력을 높여 열정에 불꽃을 지피고 있다.

산책

# 너와 함께 걸어

 너와 함께 발을 맞춰 걷는다. 산책 코스는 네가 정한 길로 따라간다. 바삐 출근하는 사람들의 발을 본다. 엄마 손 잡고 등교하는 초등 1학년, 친구들과 삼삼오오 짝을 지어 학교 가는 아이들의 시끌벅적한 소리에 웃음이 묻어 있다. 빵집을 지나는데 빵 냄새가 달콤하게 날아와 목젖으로 침을 삼킨다. 길가에 핀 꽃을 구경하며 사진을 찍는다. 하늘 위로 날아가는 비행기를 본다. 너와 함께 걸어 참 좋은 아침이다.

보상

## 쓸모없지만 없으면 불안한 것

주방에 비상식량 선반을 쓱 쳐다본다. 혹시 떨어진 것이 없는지. 라면은 있나. 먹을 과자는 충분한가. 냉장고 문을 열고 아이스크림과 탄산음료가 있는지 확인한다. 몸에 좋은지 나쁜지를 먼저 생각하지 않는다. 비상식량을 미리미리 살펴보고 떨어지지 않게 챙겨 둔다. 이런 습관은 일하며 생긴 것이다. 엄마 없이 혼자 하루를 견뎌야 하는 아들을 위한 엄마의 보상이었다. 몸에 쓸모가 있을까 싶지만, 왠지 없으면 불안한 기분이 드는 건 엄마의 미안함인지 모르겠다.

시장

# 시장에 가면 말 덧붙이기

  시장에 왔다. 시장에 가면 뻥튀기 가게가 있고, 시장에 가면 뻥튀기 가게가 있고 치킨 가게가 있고, 시장에 가면 뻥튀기 가게가 있고 치킨 가게가 있고 옷 가게가 있고, 시장에 가면 뻥튀기 가게가 있고 치킨 가게가 있고 옷 가게가 있고 생선 가게가 있고, 시장에 가면 뻥튀기 가게가 있고 치킨 가게가 있고 옷 가게가 있고 생선 가게가 있고 과일 가게가 있고, 시장에 가면 뻥튀기 가게가 있고 치킨 가게가 있고 옷 가게가 있고 생선 가게가 있고 시장에 가면 뻥튀기 가게가 있고 치킨 가게가 있고 옷 가게가 있고 생선 가게가 있고 과일 가게가 있고 분식집이 있고……. 시장 입구인데 아직도 들릴 때가 많다. 오늘 장바구니는 무엇으로 채워 갈지 이곳저곳을 다니며 기웃거린다.

가을

## 쉿, 벌써 가을

 살갗에 와 닿는 공기가 아침저녁으로 차갑게 다가온다. 벌써 가을이 왔나 보다. 하늘색은 점점 파래지고 구름은 점점 높게 올라간다. 들판은 황금색으로 출렁이고 있다. 아침 이슬을 먹은 국화꽃이 빼꼼히 고개를 내민다. 차가운 공기가 콧속으로 들어오니 재채기가 나온다. 재채기의 시작으로 계절이 바뀌고 있음을 알아차린다. 습하고 후덥지근한 더운 공기가 상쾌한 공기의 기운을 품고 창문 사이로 들어와 온몸을 간지럽힌다. 매미 소리가 잦아들고 풀벌레 소리가 잠을 재우는 자장가가 된다. 여름내 뒤척이던 잠이 솔솔 온다. 가을바람이 나뭇잎을 춤추게 한다. 이 가을이 가기 전에 맘껏 즐겨야겠다. 아이유의 〈가을 아침〉 노래가 나도 모르

게 입가에 맴돌아 흥얼거려 본다. "가을 아침 내
겐 정말 커다란 행복이야."

사치

# 이 정도는 괜찮잖아

 책 사는 데 돈을 아낌없이 쓴다. 장바구니가 터져 나오게 담고 또 담는다. 그렇다고 집에 읽을 책이 없는 것도 아니다. 지금 있는 것을 정리하고 처분해야 그나마 좁은 집이 넓어질 텐데 전혀 그럴 마음이 없다. 이틀 전에도 3권을 샀다. 책이 집을 차지하는 지분이 상당하다. 책으로 탑을 쌓는다면 천장을 뚫고 올라가야 할 지경이다. 사다리 높이가 따라와 줄지 의문이다. 읽고 싶은 책이 많아 물욕을 감당할 수 없다. 읽는 속도보다 사들이는 속도가 더 빠르다. 쌓여 가는 책을 보며 아들은 말했다. "엄마처럼 쌓아 두지 않으려고 난 e북으로 봐." 아날로그와 디지털 세대의 차이점에서 오는 걸까 나는 e북으로 보면 책 보는 맛이 나지 않는다. 종이가 풍기는 새 책 냄새와 잉크 냄새가 도파민을 자극한다. 한 장 한 장 넘기며 보는 손의 촉감이 좋다.

신간 메시지가 왔다. 아이쇼핑으로 끝나지 않고 장바구니에 또 담아둔다. 아직 사지 못한 책이 142권이나 있다. 읽을 책이 쌓여 있다. 어젯밤에 주문한 책이 곧 도착한다고 문자가 왔다. 또 샀냐는 핀잔을 들을까 봐 남편 눈치를 살핀다. 남편은 이런 나를 보고 "네가 책 살 돈을 아꼈으면 집이 한 채는 더 있을 거야." 난 말을 아낀다. '내가 돈을 버는 이유는 내가 보고 싶은 책을 사서 보는 몫도 포함되어 있어.' 택배 상자를 뜯으며 말없이 웃는다.

나이

## 아침형 vs 저녁형

몸이 나비처럼 가벼울 때는 저녁형으로 늦은 잠, 새벽을 지새워도 몸이 밤을 이기고 견딜 수 있는 힘이 있었다. 언제부턴가 몸은 물을 먹은 솜뭉치처럼 무거워지더니 저녁잠이 빨리 오기 시작했다. 나이가 몸을 거스를 수 없게 되었다. 어릴 적 잠이 밥보다 맛있을 때가 있었다. 할머니를 보며 초저녁에 빨리 주무시고 새벽이나 아침에 왜 일찍 일어나는지 의아해했다. 이제 그걸 조금씩 알아가고 있다. 몸이 아침형으로 바뀌니 눈이 일찍 떠지고 아침잠이 점점 줄어든다. 나이를 인정할 나이가 되었다.

도전

## 그럴 줄 알지만 그래도!

　서툴렀다. 설익었다. 뭘 몰랐다. 그냥 막 던져봤다. 도전이란 말을 빌미 삼아 공모전에 글을 보냈다. 결과는 뻔했다. 그럴 줄 알면서 내심 기대했다. 웃음이 나왔다. 허탈하지는 않았다. 이미 결과를 예상했기에, 혹시나 하고 펼쳤던 마음을 역시나 하는 마음으로 접었다. 그리고 또 혹시나 하는 마음으로 여기저기를 서성거린다.

# 거울

## Are you ready?

 출근 준비를 위해 말끔하게 씻는다. 온수가 몸을 따뜻하게 감싼다. 양치질하고 머리 감고 샤워하니 몸의 긴장감이 풀리며 기분이 좋아진다. 하루를 시작하기 전 거울을 보며 나만의 주문을 외운다. 그리고 거울에 비친 나에게 말한다. Are you ready?

가방

## 삶의 무게

 할머니, 할아버지, 엄마, 아빠, 딸, 아들, 학생 등 역할 단어를 써 가방에 담아 어깨에 멘다. 각자 등에 짊어 메고 가는 가방의 무게가 다르다. 자기가 맞은 역할을 해내기 위해 온 힘을 쏟다. 어깨가 짓눌리니 몸이 휘청거리고 온몸으로 무게가 전해진다. 중심을 잃지 않으려고 허리에 힘을 준다. 가방 무게가 짊어지고 가야 할 삶의 짐처럼 무겁다. 지구의 중력이 자꾸 아래로 끌어당긴다. 짐을 내려놓으려 해도 내려놓을 수가 없다. 가야 할 길이 아직 남아 있다. 악다물었던 어금니에 힘을 뺀다. 어깨가 가벼워졌다. 가방을 내려놓는다. 내 역할이 끝났다. 시간이 흘렀다.

오후

어서오세요. 머물다 가세요.

사람

# 나는 어떤 사람인가?

　원, 세모, 네모 중 난 '원'처럼 둥근 사람이다. 세모는 안정적이긴 하지만 왠지 뾰족뾰족함이 싫고 네모는 너무 반듯반듯해 바르게만 살아야만 할 것 같다. 그에 반해 원은 어디에 놓아두어도 잘 굴러가듯 세상을 둥글게 굴러가며 살고 있다. 모난 곳 있으면 깎고, 걸리는 게 있다면 힘껏 몸을 굴러 넘어가다 보면 뾰족했던 것 반듯하지 못한 걸 안고 굴러 굴러가겠지 싶다.

친구

## 나는 너에게 너는 나에게

  날씨가 좋아 가슴에 바람이 일렁인다. 쨍한 햇볕 탓인지 바람 탓인지 커피가 먹고 싶어졌다, 혼자 있기 싫어 핸드폰을 꺼내 무작정 친구에게 전화했다. "나올 수 있니?", "어디에서 볼까. 내가 갈까?", "아니, 네가 갈게." 전화를 끊고 친구를 기다리니 행복한 기분이 들었다. 어린 왕자의 여우처럼 친구를 기다리며 마음이 설렌다. 많은 말 필요 없이 나를 알아봐 주는 친구. 온몸이 따뜻해지고 절로 미소가 지어진다. 기다리는 시간이 즐거움으로 넘친다.

사진

## 예뻐 보이는 것들

 

사진을 찍는다. 파란 하늘과 흰 구름, 모래사장으로 밀려왔다가 스르륵 빠지며 만들어 내는 물거품, 짙은 옥색 빛 바다, 서로 마주 보고 서 있는 빨간등대와 흰 등대, 오묘한 빛을 내는 석양의 노을, 햇빛 사이로 비치는 나무, 노랑 분홍 보라 튤립, 팝콘처럼 터지는 벚꽃, 몸을 동그랗게 하고 잠자는 고양이, 신나게 달리는 강아지, 작고 귀여운 아이들. 어느덧 사진 폴더에 내 사진보다 더 많아졌다.

이름

# 내 이름은 어디에

 딸, 아내, 엄마, 며느리, 아줌마, 할머니. 내 이름이 아닌 다른 호칭으로 불리며 주어진 임무와 역할에 충실히 살고 있다. 나로 태어나 나로 얼마쯤 살다 가는 걸까. 삶 속 지위에 억눌려 정작 나로 사는 시간은 많지 않다. 내 이름은 어디로 갔을까?

나무

# 어떤 나무가 되고 싶니

 반려견과 자주 가는 공원으로 산책하러 나갔다. 나무 그늘에 초등 5~6학년쯤으로 보이는 학생 10명이 앉아 있다. 숲 해설가는 나무에 관해 설명하는 중이다. 나무를 사랑하고 아껴야 하는 이유는 ……. 학교에서 모둠별 자연 관찰 학습을 나온 듯하다. 또 다른 모둠에도 숲 해설가가 동행 중이다. 서로 교차하며 지나치는 순간 숲 해설가의 말이 귀에 들려왔다. "만약 내가 나무가 된다면 어떤 나무가 되고 싶으세요?" 발걸음이 멈춰졌다. '어떤 나무?' 지금껏 나무를 보면서 나무가 되고 싶다는 생각은 하지 못했다. 머릿속으로 생각나는 나무를 떠올렸다.

 마음을 설레게 하는 벚나무, 바르고 곧은 대나

무, 단아한 동백나무, 우아한 목련 나무, 사계절 푸르름을 간직한 소나무, 향긋한 향을 내뿜는 향나무, 황금빛 은행나무, 상큼한 사과나무 등, 공원 산책하며 되고 싶은 나무를 생각하니 할머니가 떠올랐다. 이왕이면 할머니가 좋아한 감나무가 되면 어떨까 생각했다. 할머니는 과일 중 말랑말랑한 감을 제일 좋아하셨다. 봄에는 감꽃을 피우고 여름에는 감이 무럭무럭 자랄 수 있도록 뜨거운 햇볕을 받아, 토실한 감을 주렁주렁 매단 감나무가 되는 거다. 가을에는 빨간 감을 달게 익혀 달콤한 감을 할머니께 드리면 웃으시며 드시겠지. 감나무에서 할머니를 보고 싶은 마음이 묻어난다. 햇볕이 좋고 바람도 좋다. 감을 맛있게 드시는 할머니 얼굴이 보고 싶어 하늘로 나뭇가지를 쭉쭉 뻗어본다.

하루

## 24시간이 모자라

 누구에게나 공평하게 주어진 하루라는 24시간. 무엇을 하며 어떻게 살 것인가. 하루를 맞이하며 드는 생각이다. 24시간 중 일을 하는 시간 약 8시간, 잠을 자는 시간 7시간. 벌써 15시간을 썼다. 반려견과 산책하는 시간 2시간, 24시간 중 이제 7시간 남았다. 7시간 중 3시간은 독서를 하거나 글을 쓴다. 하루 중 가장 많은 에너지를 쏟는다. 행복지수가 가장 높은 시간이다. 요즘은 본업보다 이 시간이 재미있으니 큰일이다. 나머지 시간은 자유다.

상상

## 소원을 말해 봐

 만약에 나에게 요술램프가 있어 지니에게 세 가지 소원을 말할 수 있다면 무슨 소원을 말할지 상상해 보았다. 지니가 소원을 들어준다면 ······.

 첫 번째 소원은 과거로 돌아가 엄마를 만나게 해 달라고 말한다. 항상 보고 싶고 그리운 엄마다. 엄마를 만나면 언니 딸 시집간 소식을 전하고 출간한 내 얘기도 말할 거다. 그저 물끄러미 바라보며 손잡고 엄마 품에 안겨 엄마 냄새 맡아봤으면 좋겠다. 엄마와 함께 영원한 만남을 가질 수 없고 다시 헤어지는 시간이 오더라도 한 번쯤은 만나고 싶다.

두 번째 소원은 내가 결혼하지 않고 혼자 살았다면 어떤 모습으로 살고 있을지 보여 달라고 말한다. 지니는 거울로 나를 비춰주었다. 화려한 조명이 보이고 많은 관객 앞에서 노래를 부르고 있다. 노래하는 내가 된 것이다. 짧은 순간이지만 꿈꾸었던 걸 이룬 것 같아 좋다. 여기까지만 보여 달라고 하고 그 기분을 오래도록 간직한다.

세 번째 소원은 나의 미래가 보고 싶다고 말한다. 내가 바라던 할머니가 되어 있을까 궁금했다. 지니는 나를 안고 바람처럼 움직여 낯선 장소로 나를 데려갔다. 사방을 둘러보니 여기는 책방이다. 은은한 조명 아래 잔잔한 음악이 흘러나오고 커피 향이 공간을 가득 채웠다. 나와 닮은 사람이 의자에 앉아 책을 보고 있다. 표정은 온화하고 평온한 모습이다. 보기 좋다.

지니는 세 가지 소원을 들어주고 말없이 램프를 가지고 사라졌다. 램프가 없어지니 아쉬웠다. 요즘 금값이 비싸니 차라리 금을 달라고 할 걸 살짝 후회했다.

능력

## 왜 네 앞에만 서면 작아질까

　잘하지 못해 능숙하게 잘하고 싶은 것이 있다. 하염없이 나를 작아지게 만드는 너는 영어다. 중학교 1학년 때부터 시작해 40년을 동안 너와 인연을 맺어 왔지만 우린 가까이하기에 너무 먼 사이 같다. 너는 세월이 흐른다고 잘할 수 있는 게 아닌가 보다. 정말 잘하고 싶은데 맘처럼 안 된다. 영어 왜 이렇게 잘 안되는 거니. 난 언제쯤 능숙하게 할 수 있을까. 책을 펴며 생각한다. 번역본이 아닌 원서로 읽고 싶다. 다시 생각을 구긴다. 아니 잘 된 번역이 더 나을지도 모른다.

달력

## 아이러니

하루하루를 열심히 살아보려고 매일 뜯는 일일 달력을 준비했다. 한두 달은 매일 잘 뜯어냈다. 달력에 쓰여있는 글귀를 읽는 재미로 하루를 시작했다. 그러다 달력 뜯는 걸 멈췄다. 하루하루 뜯어져 나가는 시간이 아까웠다. 왠지 모를 멈춤이 생겼다. 멈출 수 없다면 천천히 가기를, 오늘 하루가 길기를 오래도록 바랐다. 이것이 나의 욕심인가 하면서 또 하루를 보낸다.

변화

# 너 변했어

"넌 변했어."
"아니야. 난 변하지 않았어. 네가 그렇게 느낄 뿐이야."
"아닌데. 넌 예전의 네가 아니야! 완전 딴사람이 되었어!"

오랜만에 만난 친구가 나 보고 많이 변했단다. 무엇이 변했을까. 주어진 일상을 살며 열심히 일하고 책 읽고 글 쓰며 산 것밖에 없다. 변한 게 있다면 나이에 숫자 하나를 더하고 얼굴에 주름이 늘어난 거다. 몸은 중부지방이 풍만해져 외형적 변화를 불러왔다.

친구 말의 변화는 외형의 변화가 아닌 삶의 변

화라는 걸 안다. 3년 전 글 쓰는 사람이 되고 싶었다. 작가라는 말보다는 글을 쓰는 나로 살고 싶었다. '나'답게 살고 싶었고 하고 싶은 걸 해 보고 싶었다. 중년 여성에게 현실 타격을 안겨 주는 갱년기, 우울이라는 단어를 머릿속에서 지워 버렸다.

 변화는 나를 성장 시켰다. 우울을 잊게 했고 나이를 세지 않게 되었다. 현재의 나에게 집중할 수 있게 만들었다. 하루가 너무도 빠르게 지나갔다. 일할 때는 일에 몰두했고 책 읽을 때는 딴 세상에 와 있었다. 글 쓸 때는 말로 다 하지 못하는 걸 쓰며 쾌감을 느꼈다. 순간순간 머물러 있는 내가 아닌 살아 움직이는 나로 살며 꿈꾸는 내가 되어 갔다.

 "어머, 너 많이 변했다. 하나도 변하지 않았다." 중 "변했다" 말이 나를 더 기분 좋게 만들어 준다.

영화

# 그 남자 그 여자

일요일. 분주했던 마음에서 벗어나니 한가롭다. 늦은 아침 이른 점심을 먹었다. 영화관을 가기에는 애매한 시간이다. 그에게 "우리 영화 한 편 볼까?" 말을 건넸다. 그는 그녀를 위해 TV에서 최신 영화를 검색했다. 그녀는 그를 위해 맥주와 과자를 준비한다. 거실은 영화 한 편으로 영화관으로 바뀌었다. 조명을 끄고 볼륨을 높였다. 소파에 몸을 기대고 다리는 보조 의자에 올려놓고 편안한 자세를 취한다. 영화는 별거 없는 시간을 별거 있는 시간으로 채워 주었다. 그 남자와 그 여자는 서로 어깨를 기대고 또 한 편의 영화 추억을 쌓았다.

중독

## 늪에 빠진 거야

 시작하지 말았어야 했다. 너에게 푹 빠진 후 세상이 달라 보였다. 널 갈구하는 마음이 생겼다. 한 잔으로 목마름을 채우고 나면 갈증이 해결될 줄 알았다. 목마름은 더 많은 것을 요구했다. 점점 알 수 없는 늪 속으로 빠지고 있다. 중독된 게 분명하다. 나를 사로잡고 나가지 못하게 하는 너. 난 지금 '글' 쓰는 늪에서 헤어 나오지 못하고 있다. 빠져나오기 위해 한 발을 딛고 일어서면 다음 발이 더 깊게 빠진다. 기분이 묘하다. 나쁘지 않다. 빠져나가고 싶으면서도 빠져나가고 싶지 않은 이 기분 뭔지 모르겠다. 하나의 글을 쓰고 나면 다음 글이 쓰고 싶어진다. 글쓰기는 묘한 기운을 갖고 있다. 이제 널 만나기 전으로 돌아가기에는 이미 늦었다. 이상하게도 이 늪에서 나가고 싶지 않다.

대화

# 대화가 필요해

 말 없는 남자를 만났다. 유머가 넘치는 남자는 아니다. 결혼 후 시어머니께 지나가는 말로 "어머니 저 시집 잘 못 왔나 봐요. 어머니 아들 벙어리 삼룡이 같아요." 시어머니는 말없이 웃으셨다. 30년을 넘게 서로 눈빛을 보며 말없이 살았다. 여전히 자기 스타일을 버리지 않는 남자다. 30년 동안 보며 터득했으니 척하면 척하고 알아들을 수 있다. 그래도 말이 필요할 때가 있다. 대화를 시도하면 남자는 미묘하게 피해 가며 이렇게 말한다.
 "말로는 널 이길 수 없어."
 "그래서 참는 거야 아니면 참아 주는 거야?" 늘 묻고 싶은 말이다.

일탈

## 날이 좋아

 출근하려고 집을 나왔다. 따스한 햇볕이 온몸에 내리쬔다. 하얀 벚꽃이 팝콘 터지듯 예쁘게 피어 나를 유혹한다. 살랑살랑 부는 바람이 상쾌하다. 무겁던 옷이 가벼워졌다. 불쑥 딴생각이 스친다. '출근하지 말고 어디든 훅 떠나버릴까.' 마음이 흔들린다. 걷던 발이 멈춘다. 뒤돌아 갈까 잠시 망설였다. 고개를 좌우로 흔들고 2초 후 발을 앞으로 내디딘다. 어깨에 멘 가방을 다시 한번 위로 치켜세운다. 오늘 일탈은 실패다.

취향

## 나와 너


 너와 난 커플. 커플 앞에 지인들은 우린 보고 '환상'이란 단어를 붙여 주었다. 그땐 알지 못했다. 왜 환상이 붙었는지. 우리를 보며 환상을 꿈꾸었을까. 티키타카 줄다리기하는 연인들처럼 다투어 의견 차이를 좁힐 필요가 없었다. 음식부터 영화나 음악까지 취향이 비슷하다. 굳이 따지고 들어 목소리를 높일 필요가 없었다. 우리의 의견이 갈리는 순간은 난 자장면, 넌 짬뽕.

반지

## 반짝반짝 특별해

 손가락에 끼워져 있는 사랑의 반지. 지름 약 2cm 동그란 링은 둘을 하나로 이어주었다. 반지는 30년 전 밤 기차를 타고 사랑을 속삭였던 춘천행 열차로 데려갔다. 두 남녀는 손끝만 스쳐도 스파크가 일어났다. 남자는 여자의 손을 잡으며 "손이 허전하다." 손가락에 반지를 끼워주었다. 반지는 기차 불빛 아래 영롱하게 빛났다. 그때 잡았던 손을 놓지 않고 30년을 잡고 걸어왔다. 반지는 말이 없지만 둘만 아는 이야기를 품고 있다. 춘천행 비둘기호는 사라졌지만, 여전히 내 손에서 반짝이고 있다.

문구

## 귀여워서 흔들려

 예쁘고 귀여움에 끌림인지 아니면 쓸모에 끌림인지 나도 모르게 발길이 머무는 곳이 있다. 지갑이 저절로 열린다. 사지 않고 눈으로 쇼핑하는 것만으로도 즐겁다. 너는 매력덩어리라 구경이 끝나면 그냥 지나칠 수 없다. 옛 추억에 잠기게 하는 모00 볼펜을 하나 집어 들었다. 겉치장을 흰색에서 귀여움을 뿜어내는 노란색으로 갈아입었다. 볼펜 심은 0.7에서 0.5, 1.0으로 다양해졌다. 고개를 돌리니 연필이 자기도 사가라고 물끄러미 바라본다. 옆에 아기자기한 지우개, 노트, 형형색색의 볼펜과 샤프. 잠시 고개를 좌우로 흔든다. 집 책상 위에 널브러져 있는 문구가 스쳐 지나간다. 그럼에도 귀여움에 가슴이 두근거린다. 문구는 없어서 사는 게 아니라 귀여워서 또 사게 된다. 흥분된 마음을 진정시킨다. 다른 충동구매가 일어나기 전에 이 자리를 떠나야 한다. 얼른 모00 볼펜 7자루 들고 계산대로 온다.

여행

# 동해는 유혹의 빛

 짙푸른 바다가 보고 싶어 동해에 왔다. 수영을 못해 물로 뛰어들 생각은 하지 않는다. 해변을 걸으며 물과 모래의 감촉을 느낀다. 5월이라 아직 물이 차갑다. 실외 온도는 29도이다. 몸으로 느끼는 더위가 발에 차갑게 다가와 시원하게 바뀐다. 발끝에 닿는 물살이 되려 기분을 좋게 만들어 준다. 바다는 유혹의 색을 내며 마음을 끌어당긴다. 짙은 코발트 빛과 옥색이 번갈아 가며 물결의 출렁임을 일으킨다. TV에서 본 지중해 물빛과 흡사하다. 여기가 지중해라는 생각이 든다. 햇빛은 바다가 예쁘게 빛을 발할 수 있도록 한몫 거든다. 카메라가 자연의 빛을 다 담지 못한다. 자연의 아름다운 빛을 눈으로 마음으로 담는다. 동해의 짙은 물빛은 눈을 감아도 머릿속에 선하게 그려진다. 날이 좋아 하늘과 바다가 맞닿아 어디가 수평선인지 구분할 수 없다. 내일은 비가 온다는 예보가 있다. 오늘 그런 바다와 하늘을 보고 갈 수 있는 건 행운의 여신이 내린 선물 같다. 파도가 잔잔하다. 가슴에 시원한 바람이 스친다.

빗속

# 비가 와도 괜찮아 네가 있어

 난 우산을 쓰고, 넌 노란 비옷을 입고 하늘에서 떨어지는 물방울을 맞는다. 비가 와서인지 놀이터에 아무도 없다. 오로지 너와 나 둘뿐이다. 나무는 맨몸으로 빗물을 받아먹고 있다. 나뭇가지를 쭉 뻗어 더 많은 비를 받으려 한다. 우산 위로 똑똑 빗방울이 떨어진다. 너를 비에 젖지 않게 하기 위해 우산을 네 쪽으로 기울여준다. 내 한쪽 어깨가 축축하게 젖는다. 우리 둘이 눈을 마주치며 웃는다. 비가 와도 괜찮아 너와 함께여서.

색깔
# 사계절 중 난 파란색 가을

 

나뭇가지에 물이 올라 매화나무에 하얀 꽃이 피었다. 그윽한 향기를 담아 코끝에 봄을 실어 닿게 한다. 콧구멍을 최대한 벌려 봄 냄새를 맡는다. 노란 개나리, 분홍빛 진달래, 봄이 오는 색이다. 눈이 즐겁다. 겨우내 추위 접혀 있던 마음이 쭉 펴진다. 하얀 목련이 우아한 자태를 뽐내며 빛을 발하고 힘없이 떨어진다. 그 뒤를 이어 벚꽃이 사랑을 부르며 마음을 설레게 한다. 봄이 살랑살랑 온다. 봄의 향연이 시작되었다. 시작이 있으면 끝이 있다. 꽃이든 사람이든 찬란한 시간은 누구나 있다.

초록색 나뭇잎이 짙어지고 있다. 나무는 가지를 하늘로 뻗어 짙고 짙은 초록나라를 만들고 있다. 나무 그늘에 앉아 음악을 듣고 커피를 마신다. 초록이 주는 편안함에 몸을 맡긴다. 나뭇잎이 바람에 말을 걸어 쉬어가라 한다. 귀에 사부작사부작 바람 소리가 들린다. 무더위가 시작되기 전 여름이 주는 초록이 좋다. 붉은 선홍빛 장미 향이 발길을 사로잡는다. 자신을 보호하기 위해 가시를 드러내며 꺾지 말라고 경고한다. 자기방어. 장미처럼 예쁨을 지키기 위해선 가끔 가시가 필요하다.

 하늘색이 달라지고 있다. 가을이 오고 있다. 양떼구름 뭉게구름 어깨를 기대고 예쁘다며 서로 질투한다. 나무들도 옷을 갈아입기 시작했다. 초록이 노랑 빨강으로 물든다. 바람이 시원하고 상쾌하다. 하늘을 보러 밖으로 나간다. 코발트색 하늘에 빨려 들어갈 것 같다. 비행기가 날아간다. 비행기에 몸을 싣고 낯선 곳으로 훌쩍 떠나고 싶다. 가을 하늘이 너무 예뻐 눈물이 날 것 같다. 국화꽃이 보고 싶은 할머니를 불러온다. 그리움이 밀물처럼 밀려왔다 썰물처럼 쑥 빠져나간다.

나무가 나뭇잎을 떨어뜨리고 겨울 준비를 한다. 앙상한 가지에 흑색과 갈색만 보인다. 나무는 굳건하게 자리를 지킨다. 추운 겨울을 견딜 수 있다는 듯이 늠름하기까지 하다. 옷이 두꺼워지고 있다. 밖보다 안이 따뜻하다. 나뭇가지에 하얀 눈꽃이 폈다. 겨울에만 볼 수 있는 풍경이다. 겨울이 주는 선물이다. 움직임이 적어지니 생각이 많아진다. 햇살 내리는 창가에 앉아 봄, 여름, 가을의 나를 생각한다. 웃음이 지어진다. 그거면 됐다.

저녁

감사합니다. 잠시 멈춰 나를 봐.

시선

# 부담스러운 시선

 때가 되니 부담스러운 시선이 느껴진다. 오늘 저녁 메뉴로 뭘 먹지, 뭐 해 먹지. 요리를 잘하지 못하고 관심도 없는 내게 한 끼를 해결하기란 쉬운 일이 아니다. 메뉴를 고르는 것부터 머리가 아프다. 매일 같은 것을 내놓는 것도 어떨 때는 민망하다. 퇴근 후 녹초가 된 몸으로 저녁을 준비하려니 나도 모르게 긴 한숨이 나온다.

 지금 나에게 필요한 것이 있다. 전래동화 속 우렁각시다. 아무도 없을 시간에 항아리 물속에서 나와 밥을 차려주고 사라지는 우렁각시 아니 우렁 신랑이 있으면 하고 바라본다. 신랑은 하나로 족하니 다른 건 필요 없다. 딱 여기까지 밥만 차려주면 된다. 난 김치만 있어도 밥 한 그

릇 뚝딱인데, 아들은 "엄마 오늘 뭐 먹어?" 부담스럽게 물어본다. 고민의 끝은 "오늘은 피자야."

걸음

# 나 잘 걷고 있니

'나 잘 걷고 있는 것 맞니?' 수 없이 묻고 물었다. 독백으로 던진 말이 고백이 되어 돌아왔다. "너 잘하고 있어." 대답해 주는 이 없고 응원의 말을 건네는 이도 없다. 길을 잃고 마음이 흔들릴 때 나를 알아봐 주는 이가 한 명만 있다면 희망의 끈 놓지 않고 갈 수 있을 것 같았다. 글을 쓰며 나와 같은 길을 걷는 작가들을 만났다. 그들 또한 나와 다르지 않았다. 함께 길을 걸으며 알게 되었다. 혼자 걷고 있다고 생각한 그 길 위에 누군가 그려놓은 화살표가 있었다. 나보다 먼저 걸어가 길을 내어준 사람이 있어 그 발자국을 따라 걸었다. 혼자가 아닌 게 다행이었다. 확실하지 않고 모르는 길을 헤매지 않고 가는 사람은 드물다. 헤매며 힘겹게 찾은 길이기에

한 걸음 한 걸음이 소중하다.

  길이 보이지 않으면 길이 보일 때까지 잠시 멈춰 서 있다 걸으면 된다. 오르막길이 나타나면 멀리 보지 않고 앞만 보고 이 고비를 넘겨 보자는 마음으로 오른다. 내리막길에서는 넘어지지 않으려고 다리에 힘을 더 주고 걷는다. 빠르게 걷는 것만이 능사는 아니다. 오래 걷기 위해서는 쉬어가는 호흡이 필요하다. 앞서 걸어 나를 위해 길을 내어준 사람이 있었듯 나 또한 뒤에서 걸어오는 누군가에게 길을 밝히는 한 줄기 빛이 되고 싶다. 길 잃지 말라고 멀리서 반짝이며 빛을 내는 길잡이 등대처럼 나도 반짝여 본다.

인연

# 만남과 헤어짐

 석양이 수평선에 걸려 있다. 하늘은 한 장의 도화지가 되어 다채로운 노을빛으로 색칠했다. 무한하다고 생각했던 시간이 유한하다는 걸 바다로 떨어지는 해를 보며 알아차린다. 사람과 사람 사이는 보이지 않는 인연으로 이어져 있는 것 같다. 서로 인연이 되려면 옷깃을 스치고 억겁에 시간이 더해져 인연의 끈이 닿아야 한다. 피는 꽃이 있으면 지는 꽃이 있듯 만남이 있으면 헤어짐이 있는 것이 인연이다. 잡을 때와 놓을 때를 알아야 마음의 상처가 덜하다. 유종의 미는 만남보다 헤어짐에 있다.

건강

# 건강은 걱정을 반으로

어깨에 통증이 느껴진다. '나이 먹으면 아픈 거야.' 스스로 치부하고 병원 가기를 뒤로 미루었다. '며칠 지나면 괜찮아질 거야.' 말로 나를 달랬다. 하루 이틀이 가도 통증이 사라지지 않는다. 아픔 뒤에 아들의 얼굴이 떠올랐다. 민폐는 되지 말아야지. 생각을 가다듬고 옷을 챙겨 입었다. 치료를 받으니 통증이 점점 사라지고 있다. 내가 건강해야 아들이 웃을 수 있음을 통증으로 알았다.

응원

# 참 잘했어

"참 잘했어. 토닥토닥." 칭찬과 응원의 말을 들어본 지 언제인지 모르겠다. 겸손이 미덕이라고 생각해서인지 누군가에게는 칭찬의 말을 쉽게 잘하면서 정작 자기 자신에게는 칭찬이 인색하다. 칭찬은 고래를 춤추게 할 만큼 어깨를 으쓱하게 만든다. 더 잘하고 싶은 욕구에 부채질해 주고 용기를 북돋아 준다.

직장인으로, 엄마로, 아내로, 나로 365일 24시간을 살아내는 것은 결코 쉬운 일이 아니다. 관계 속에서 오고 가는 말과 감정 소모는 피로감을 몰고 온다. 무수히 상처 입고 지쳐 스러지며 이겨낸 나를 칭찬한다. 타인의 칭찬은 '나 잘하고 있구나.' 위로의 말이 되고, 나로부터의 칭찬과 응원은 나를 더욱더 단단하게 한다. 부서지지 않고 눈부시게 반짝거리며 빛낼 수 있는 내가 된다. "오늘 참 잘했어." 엄지척을 해 본다.

인생

# 머무는 삶과 떠도는 삶

젊음에 온도가 100°C 보다 넘쳐 끓어오를 때는 머무는 삶이 답답했다. 그땐 어딘가에 얽매이는 게 싫었다. 언제든지 떠날 준비가 되어 있었다. 용기마저 흘러넘쳤다. 대한민국이 좁아 세계로 나간다 해도 혼자서 어디든 갈 수 있었다. 뜨겁게 타오르던 온도가 점점 내려가자 겁 없이 할 수 있었던 용기가 조금씩 사그라들었다. 불안전하게 떠도는 삶보다 안전한 둥지에 머물길 원하게 되었다. 이제는 밖에서 떠도는 시간보다 집에 머물러 있는 것이 편하고 좋다. 헐렁한 바지를 입고 흐트러진 머리카락을 묶는다. 따뜻한 공기가 피로로 지친 몸을 사르르 녹인다. 잘 마시지 못하는 캔 맥주 하나를 따서 꿀꺽꿀꺽 마시며 폭신한 소파에 몸을 파묻는다.

눈물

## 이게 뭐라고

 원고 마감일이 임박해 새벽잠을 떨치며 글을 썼다. 배도 고프고 눈꺼풀이 무거워 자꾸 눈이 감긴다. 잠도 깨고 허기를 달랠 겸 라면을 끓였다. "라면에는 김치지." 냉장고에서 김치를 꺼냈다. 김치 뚜껑을 여는 순간 엄마의 냄새가 올라왔다. 라면 한 젓가락을 떠 입에 넣고 김치와 함께 씹었다. 라면 수증기인지 눈물인지 분간할 수 없는 것이 눈에 맺혔다. 순간 엄마가 보고 싶었다. 젓가락을 내려놓고 당장 엄마에게 달려가려다 멈추었다. 라면을 꾸역꾸역 먹었다. 라면 냄새가 코끝을 자극한다.

위로

## 걱정 말아요

 마음에 상처가 났다. 겉으로 보이지 않는다. 얼굴에 웃음을 머금고 아무 일도 아닌척한다. 보이지 않는 곳이라 상처를 낸 사람은 알지 못한다. 아픈 속을 달랠 위로가 필요하다. 곁에서 건네는 말도 어깨를 두드려 주는 손길도 없다. 오히려 어설픈 위로보다 혼자 있는 것이 좋을 때가 있다. 마음속에서 요동치고 출렁이는 파도를 잠재울 수 있는 것은 오직 나이기에 눈을 감고 하늘을 본다.

피곤
## 다시 시작

 퇴근 시간 10분 전이다. 온몸이 피곤하다고 말한다. 목도 아프고 다리도 아프다. 집에 빨리 가고 싶다. 배가 고프니 빨리 저녁을 먹고 쉬고 싶은 생각밖에 없다. 저녁을 먹으니 눈꺼풀이 무거워지며 점점 내려온다. 잠을 이겨보려고 눈을 크게 떴다. 다시 눈이 감긴다. 잠은 내일을 위한 준비다. 오늘보다 한발 더 나아가 내일을 꿈꾸게 한다.

공간

## 나만의 방

누구나 한 가지 로망이 있다. 나의 로망은 나만의 방을 갖는 거다. 우리 가족은 23년 5월 전까지 3명이었다. 반려견 입양 결정 후 4명이 되었다. 이사 다니고 집을 마련할 때 난 늘 방 3개 있는 집을 원했다. 하나는 부부 침실 다른 하나는 아들 방 나머지 하나는 서재로 쓰기 위해서다. 서재 방 크기는 상관없었다. 작은 책상 하나 놓고 내가 보는 책을 놓을 수 있는 공간이면 충분했다. 처음에는 가족의 공동 공간으로 마련했다. 거의 내가 점령해 자리를 내어주지 않자 이제 이 공간은 나만의 방이 되었다. 아침에 눈을 떠 가장 먼저 찾는 공간이다. 멋지게 잘 갖춰진 서재는 아니지만 나는 이 공간을 사랑하고 좋아한다. 나의 손때와 숨결이 가장 많이 묻어 있는 곳이다. 집에서 가장 오래 머무는 공간이기도 하다.

  요즘은 또 하나의 공간을 찾아간다. 집 근처에 있는 동네 책방이다. 집에 있는 게 답답해 집과 다른 공기를 찾고 싶을 때, 글의 영감이 필요할 때, 조용히 앉아 커피 한 잔 마시며 생각에 잠기고 싶을 때, 고양이가 보고 싶을 때 그런 날이면 난 이곳을 찾는다. 골목 깊숙한 곳에 자리해 눈에 잘 띄지 않는 곳이지만 어떤 날은 자리가 없을 때가 있다. 그럴 땐 혼자만의 이기적인 생각으로 나만 아는 공간이었으면 한다. 신발을 벗고 다락방으로 올라가면 다른 세상에 와 있는 느낌이다. 감성에 젖어 빠져 있다 보면 여행하는 기분이 들 때도 있고 한 자리를 차지하고 있는 덩치 큰 곰돌이와 데이트하는 느낌이 든다. 다락방이 주는 아늑함 때문인지 항상 따뜻한 마음을 담아 온다. 책에 이끌려 주홍색 불빛에 매료되어 머물다 보면 시간 가는 줄 모른다. 이곳을 보며 또 하나의 로망을 꿈꾼다. 나도 이런 책방 하나 가졌으면 한다.

유행

# 아날로그와 디지털 사이

 TV보다 낯선 단어에 귀를 기울였다. 숏츠. 밈. MZ세대 연예인들이 나와 말할 때 섞어 쓴다. 바로 초록 창에 검색해 보았다. 유행은 시대를 반영한다. 모르는 단어를 들었을 때 유행에 민감하지 않은 나로서는 시대에 뒤떨어진 사람처럼 느껴질 때가 있다. 내가 X세대 때 우리의 부모들도 나와 같았을까. 우리 세대에 유행하는 단어를 써 가며 말할 때 지금의 나처럼 소통의 부재를 느꼈을 것 같다. 지금은 궁금하면 검색하면 알 수 있는 시대이니 그나마 뒷북으로라도 따라갈 수 있지만, 그 시대를 살았던 부모님은 지금의 나처럼 당황스러웠을 거다. 이제 알아차리다니 무지의 삶은 시간이 흘러야 알게 된다. 유행은 돌고 돈다. 아날로그와 레트로 시대를 살았던 사람은 그 시절을 회상하며 그리워한다. 그것을 경험하지 못한 세대는 새로운 신문물처럼 받아들이며 신기하게 여길 것이다. 빠르게 변하는 시대에 난 어디쯤 서 있는 걸까. 왠지 모르는 세상에 서 있는 이방인 같다.

별밤

## 네가 있어 좋아

 어둠이 밤을 잠식해 버린 시간. 피로가 몸으로 쌓여 서 있을 기운조차 없다. 무거운 몸을 어딘가에 있을 누구에게 기대고 싶은 순간이다. 따뜻한 훈기가 그립다. 머리를 쓰다듬어 주고 어깨를 감싸줄 사람이 있으면 좋겠다. 터벅터벅 어두운 골목길을 걷는다. 내 귀에 발소리만 유독 크게 들린다. 숨을 고르려고 고개를 들어 밤하늘의 별을 본다. 고요함 속에 자기 자리를 묵묵히 지키는 별이다. 자기를 쳐다볼 누군가를 기다리며 하염없이 빛을 내고 있다. 반짝이는 빛이 예쁘다. 힘들어 구겨졌던 얼굴이 웃음으로 가득하다. "네가 있었구나. 너를 보니 좋아." 별이 내 말을 들었는지 방긋 미소 짓는다. "수고했어!" 힘든 나를 쓰다듬어 준다.

쓰다

## 살아 꿈틀거리려고 글을 써

  똑같은 일상 반복되는 시간에서 벗어나고 싶었다. 지루함보다는 일상의 변화를 갖고 싶었다는 말이 더 어울릴 것 같다. 어떻게 하면 같은 시간을 살면서 유용하고 행복할 수 있을지를 고민했다. 행복지수를 높일 수 있는 것이 무엇이 있을까. 내가 무엇을 할 때 즐거운지 생각했다. 축 처져 고개 숙인 나보다 살아 꿈틀거리는 나를 원했다. 글 쓰며 눈빛이 빛나고 있는 나를 발견했다.

  글을 쓰기 전에는 어제가 오늘 같고 오늘이 어제 같았다. 똑같은 일상의 반복이었다. 글을 쓰며 생각이 많아졌고 주변을 더 깊게 자세히 둘러보게 되었다. 보이지 않았던 것이 보이기 시작했다. 무심히 스치듯 흘러 지나가는 일상을 붙잡고 적게는 5분에서 10분 때로는 24시간을 고민했다. 하루하루가 더 소중하게 느껴지기 시작했다. 하루가 새롭게 재발견 되었다. 자세히 보아야 보이는 것이 있다. 하루가 무의미에서 유의미로 다가왔다. 오늘은 또 어떤 글을 쓸까. 고민하며 생각에 잠긴다.

완벽

## 완벽한 하루

 찬 바람이 불고 어둠이 짙게 내린 저녁, 퇴근을 서두른다. 몸은 무겁지만 발걸음은 가볍다. 하루 일을 마치고 뿌듯한 마음도 함께 챙겨간다. 현관문을 열자 따뜻한 공기가 날 반긴다. 우리 집 귀염둥이 반려견이 반갑게 맞아준다. 힘들었던 몸이 가벼워지며 기분이 한결 나아졌다. 가족들과 함께 허기진 배를 채우니 몸이 늘어진다. 설거지는 내일 아침으로 미룬다. 소파에 드러눕는다. 남편은 땅콩을 볶고 있고 아들은 침대에 누워 핸드폰을 보고 있다. 모두 것이 자기 자리에 평화롭게 있다. 별일 없는 하루로 완벽하다. 가족들을 눈에 담으며 스르르 잠이 든다.

기도

## 날 위해 기도해

촛불은 켜고 두 손 모아 눈을 감는다. 마음에 꺼져 있던 불을 밝힌다. 들숨을 깊게 들어 마시고 날숨에 안에 있는 걱정을 내보낸다. 오늘 별 탈 없이 잘 지낼 수 있기를 가족을 위해 기도한다. 길을 잃지 않기를 나를 사랑하고 타인을 이해할 수 있기를 날 위해 기도한다. 누군가를 위해 기도할 수 있도록 기꺼이 자기를 내어주며 타들어 가는 초처럼 내 안에 불꽃이 꺼지지 않기를 바란다. 촛불은 바람 앞에 흔들리는 불꽃을 지키려 한다. 나를 잃지 않고 용기 갖고 내 길을 갈 수 있기를 기도한다.

허점

## 허점투성이

 어른이 되면 미숙함이 사라지고 완벽할 줄 알았다. 잘할 수 있는 게 많을 거라 생각했다. 서툴지 않고 척척해 낼 거라 믿었다. 사람은 누구나 자기가 가진 한계치가 있다. 이 모든 건 어른과 관계없다. 나이를 먹어도 줄줄 새는 허점투성이 구멍을 가지고 있는 나다. 요즘은 자꾸 잊어버리는 일이 발생한다. 핸드폰을 어디에 두었는지 잊어버려 찾고 다닌다. 출근하면서 간식을 챙겨가야지 생각하며 싱크대 위에 그대로 두고 가서 출근 후 알게 된다. 지하철이나 버스를 탈 때 지갑을 챙기지 않아 당황스러울 때가 있다. 나이 탓으로 돌리고 싶지 않다. 원래부터 완벽하지 않은 허점투성이였다. 바늘로 찔러 피 한 방울 안 나오는 사람보다 피 나오는 사람이 인간적이다.

술맛

# 늦게 배운 술맛. 비틀거려도 괜찮아

 

비틀거리는 내 모습을 타인에게 보여주기 싫어 술을 배우지 않았다. 인생 쓴맛을 느끼고 싶지 않아 술을 멀리했다. 고달픔을 술로 달래는 것은 나약한 것이라 여겼던 나다. 나를 지켜줄 수 있는 사람이 나밖에 없어 빗장을 풀 수 없었다. 이것이 진실이다. 이제는 조금 비틀거리며 걸어도 얼굴이 빨갛게 달아오르면 오르는 대로 괜찮다는 생각이 든다. 주량은 맥주 반 잔이 한 잔으로 늘었고 소주 한 잔이 두 잔으로 늘었다. 술을 마시기 전에는 몰랐다. 술에는 쓴맛만 있는 게 아니라 단맛도 있다는 걸 뒤늦게 알아가는 중이다.

만약

# 지금이 호시절

 만약 내 손 위에 시간을 돌릴 수 있는 타임머신이 있다면 난 어디로 갈 것인가. 기회는 딱 한 번뿐이라면 말이다.

 과거 20대, 젊어서 예뻤다. 열정이 넘쳤고 용기가 있었다. 미래에 대한 두려움이 많았지만 가장 아름답게 빛나던 시절이었다. 30대, 아이 키우며 정신없이 살았다. 살면서 가장 힘든 시기였다. 30대가 어떻게 흘러갔는지 모르게 지나버렸다. 가장 힘들고 지쳐 몸과 마음이 멀미 나는 시절이었다. 40대, 불혹을 맞이하며 나 스스로 놀랐다. 내가 벌써 40이라니 믿고 싶지 않았고 인정하기 싫었다. 세상에 흔들리지 않아 불혹이라는데 난 반대로 여전히 흔들리고 있었다. 20대보다 두 배의 나이를 먹으니 4배로 흔들렸다. 노년에 대한 불안은 더 커져만 갔다. 숫자가 주는 중압감에 시달리며 나를 찾고 싶은 시절이었다.

지금 50대. 현재 진행형으로 살고 있다. 좋아하는 일, 하고 싶은 것을 찾아가는 중이다. 좌충우돌했던 생활은 안정이 되었고 나름 스스로 괜찮은 삶을 살고 있다고 생각한다. 몸은 젊을 때와 다르게 변해 간다. 다리는 조금만 걸어도 붓고 무릎이 아프다. 얼굴에 주름이 생기고 몸무게가 늘었다. 카메라로 나보다 꽃을 더 많이 찍는 시절이다.

다가올 60대 70대가 궁금하다. 살아 본 삶이 아니기에 앞으로 어떻게 펼쳐질지 가보고 싶긴 하다. 하지만 굳이 가서 알아보고 싶진 않다. 드라마의 예고편을 다 보여주면 재미없듯 궁금증 없는 삶은 재미없다. 가보지 않은 길이여야 더 호기심이 생길듯하다. 두 눈 크게 뜨고 여기저기 살피고 두리번거리며 가는 것도 나쁘지 않을 것 같다.

타임머신은 사용하지 않을 거다. 지금을 만끽하고 즐기기로 했다. 늘 그 시절을 지나며 시간을 통과할 때가 호시절이었고 지금이 호시절이다.

걱정

## 걱정이 잠 못 들게 해

 몸이 피곤해 잠을 자려고 12시 10분에 침대에 누웠다. 머리가 베개에 닿으면 5분 안에 잠드는 나다. 오늘 밤은 왠지 쉽게 잠이 올 것 같지 않다. 머릿속에 이런저런 생각이 둥둥 떠다닌다. 잠들기 전 걱정은 잠을 멀리 달아나게 만든다는 걸 알면서 걱정을 품고 말았다. 1시간째 눈과 머리는 말똥말똥하고 몸은 좌우로 뒤척이고 있다. 생각이 생각의 꼬리에 꼬리를 물어 자꾸 잠을 달아나게 만든다. 별을 하나에서 오백까지 세어도 소용이 없다. 불면증이 없는 나에게 가끔 잠들지 못하는 밤이 찾아오면 신경에 날이 선다. 불면증으로 잠 못 드는 사람의 고통을 새 발의 피만큼 느끼는 밤이다.

선택

# 내가 걷는 길이 길이야

 두 갈래 길이 있다. 갈라지는 길에서 어디로 가야 할지 몰라 망설여진다. 안내판에 방향을 가리키는 화살표가 없다. 두 길 위에 무엇이 펼쳐져 있는지 알지 못한다. 길은 둘이고 나는 하나다. 길을 찾아갈 지도도 나침반도 없다. 두 길을 뚫어지게 바라보다 한길을 택해 한 발을 뗐다. 두려움이 없는 건 아니다. 무엇이 있을지는 길을 걸어가면서 알아보아도 괜찮을 것 같다. 두 길을 다 갈 수 없어 가지 못한 다른 길은 마음에 접어둔 채 선택한 길을 걷는다. 막상 발을 떼니 설레고 궁금하다. 눈을 동그랗게 뜨고 주변을 두리번거린다.

누구든 소중하지 않은 삶은 없고
무의미한 삶도 없다.

일상의 안녕,
오늘이 가장 좋은 날

## 책을 덮으며

 어느 날 문득 무한하다고 생각했던 시간이 유한한 감정으로 다가왔다. 1분, 10분, 1시간, 하루가 소중했다. 소중한 시간은 소소한 일상에서부터 시작한다는 걸 너무 늦게 깨달았다. 깨닫는 순간 무의미하다고 생각했던 일상이 유의미로 다가오며 내게 속삭였다. 무심히 스치듯 지나친 사소한 것에 나를 집중했다.

 글을 쓰는 동안 오롯이 나로 머물러 있는 시간이 행복하고 좋았다. 일상이 특별해야만 기억에 남는 것은 아니다. 뻔한 오늘에 감사하며 오래도록 이 감정을 간직하고 싶었다. 그땐 몰랐던 걸 시간이 지나야 알 수 있는 것이 있다. 작고 소소해 묻히기 쉬운 일상을 붙들고 스치듯 지나는 나를 바라봤다. 평범한 삶에서 행복을 찾은 나처럼 이 글을 읽는 당신도 일상에서 보이는 것과 보이지 않는 것에서 나를 발견하기를 바란다.

 누구든 소중하지 않은 삶은 없고 무의미한 삶도 없다.

# 일상의 안녕, 오늘이 가장 좋은 날

1판 1쇄 발행 | 2024년 7월 1일

지은이 | 진선이

편집.디자인 | 새벽감성
발행인 | 김지선
펴낸 곳 | 새벽감성, 새벽감성1집

출판등록 | 2016년 12월 23일 제2016-000098호
주소 | 서울 양천구 월정로50길 16-8, 1층 새벽감성1집
이메일 | dawnsense@naver.com
블로그 | blog.naver.com/dawnsense
인스타그램 | @dawnsense_1.zip

*책값은 표지에 있습니다.
*잘못된 책은 구입처에서 교환해 드립니다.
*이 책의 사진과 글의 전부 또는 일부를 발췌하거나 인용하려면
 반드시 새벽감성 출판사의 동의를 얻어야 합니다.